La Oportunidad de la Crisis

Henry A. Foster

DOD Publications

La Oportunidad de la Crisis
Publicado por DOD Publiations LLC.

ISBN: 978-1-967603-09-1

Imprinto en los Estados Unidos de America.

DEDICACION

En memoria de mis padres, Madre Mattie B. Foster y mi padre Ulysses Foster, Sr., quienes fueron instrumentos en mi para poder quedarme verdaderamente a mi llamado.

TABLA DE CONTENIDOS

RECONOCIMIENTO

Le doy gracias a Dios por la habilidad de completar este trabajo. Todos los elogios traen a El! Especialmente le quiero agradecer a El por mi esposa y el que yo pueda ver este sueño realizarse. Ella y yo tuvimos una plática larga acerca de escribir libros. Esto ha sido una visión compartida de nosotros. Y juntos compartimos en recognizacion a un problema generalizado y después fue dada juntos una solución para compartir con quien lea nuestros libros y eso es fantástico. Es genial que estemos aquí preparando La Palabra de Dios en forma de libro- los dos jugando un papel - y dando aquellas herramientas que se necesitan para ser exitoso y recibir a manos llenas las bendiciones de Dios. Por más de veinte-cinco años, esto ha sido genuinamente un esfuerzo de trabajo en equipo.

Le agradezco a mi esposa, La Apóstol Principal Vilma C. Foster, por estar de pie y avanzando al Reino de Dios conmigo. También estoy agradecido con Breakthrough Ministries y los miembros de quienes Dios ha bendecido conmigo para vigilancia. Estoy agradecido por cómo se han mantenido a lo largo de los años. Sus oraciones y su fe conmigo y la visión que Dios me dio han sido invaluables. Yo los saludo con toda sinceridad. Finalmente, yo reconozco y le agradezco a Dios por mi familia.

INTRODUCCION

Cuando nosotros consideramos el término oportunidad, puede ser descrito como algo bueno que resulta en algo bueno o beneficiario. Es esencial reconocer que no todas las oportunidades hacia nosotros vienen como nosotros las esperamos. Algunas oportunidades, seguido de las más transformantes, son presentadas como experiencias muy incómodas, como en este caso cuando se nos presentan en crisis. Cada día, personas alrededor del mundo enfrentan crisis. Estas pueden ser cortas o prolongadas pero su rango es de moderada a extremadamente intensa. Crisis son tiempos de problemas, presión, y dificultad. Estos son tiempos y temporadas de malestar y pérdida. Comoquiera, es importante recordar que una crisis no es solo un reto sino también una oportunidad fértil de la tierra de aprendizaje, reordenación, y lo más importante, crecimiento. Es una potencial semilla esperando ser nutrida, un salón donde las lecciones más profundas de la vida son enseñadas. Por medio de este libro, nosotros usaremos variantes de las Santas Escrituras a este punto. Vamos a usar Eclesiastés 3:1-8 como nuestro punto de partida.

.

¹ Para cosa hay una temporada, y un tiempo para cada objetivo bajo el cielo:

² Un tiempo para nacer, y **un tiempo para morir;** *un tiempo para plantar, y* **un tiempo para cosechar lo que plantaste;**

³ *Un tiempo para matar, y un tiempo para cuart;* *un tiempo para quebrarte, y un tiempo para construirte*

⁴ *Un tiempo para llorar, y un tiempo para reir, un tiempo para lamentar, y un tiempo par bailar;*

⁵ *Un tiempo para arrojar piedras, y un tiempo para recojer piedras juntas; un tiempo para abarcar, y un tiempo para abstenerse de abrazar;*

⁶ *Un tiempo para agarrar, y un tiempo para soltar; un tiempo para mantener, y un tiempo para dejar ir;*

⁷ *Un tiempo para desgarrar, y un tiempo para coser; un tiempo para mantener silencio, y un tiempo para hablar;*

⁸ *Un tiempo para amar, y un tiempo para odiar; un tiempo de guerra, y un tiempo de paz.*

Eclesiastes capítulo tres, versículo uno al ocho, ilustra veintiocho temporadas, catorce de ellas pueden ser vistas como temporadas de crisis. Estas crisis, lejos de ocurrencias inesperadas, son temporadas transformadas en problemas, presión, malestar, y pérdida. No son tan solo retos pero también son oportunidades para nosotros de aprender, ser probados y desarrollar, aún cuando el enfrentamiento es de dificultades intensas. Ellas son las catalizadoras para nuestra madurez espiritual y gobernación.

Entonces, ¿cómo pueden estas catorce crisis ser una oportunidad? La mayoría de la gente podrá decir que no pueden ser. Y están en lo correcto en que las crisis no sean consideradas una oportunidad. Por el contrario, ellas son vistas como tiempos de problemas o retos intensos que muy pocos quisiéramos enfrentar.

En este libro, nos enfocaremos en las crisis como oportunidades que resultan en una forma benéfica de venir, lo cual es glorificando a Dios. Cada crisis que enfrentamos es una oportunidad para transformación. Por instinto, podrás decir que pasó un tiempo cuando te enfrentaste a una crisis monetaria severa. Fue un tiempo de presión intensa y dificultad, pero también fue un tiempo de buen aprendizaje y crecimiento. En esta etapa, a la mejor te recuerdas aprendiendo a confiar en la Provisión de Dios y a ser más disciplinado en tus gastos. Crisis seguidas son usadas para desarrollar o revelar nuestra condición, pero siempre bajo Su guía. Es una oportunidad de aprender, ser disciplinado, y convertirse en la persona que Dios ha destinado a ser. Extrañamente suficiente, El no usa solo situaciones cómodas o experiencias para enseñar y establecernos con Dios usando nuestras oportunidades de crisis para enseñar, demostrar, y crecer en nosotros.

Capitulo 1

A ENSEÑAR

¿Tienes una crisis en tu vida? Únete a mi y a otros quienes han experimentado una crisis. Dios quiere que tu sepas que una crisis puede ayudarte. Puede ser una bendición real para ti. Puede servirte como una clase para ti y para mi. Cada oportunidad de crisis es un momento de enseñanza para crecer y desarrollarse espiritualmente. Una crisis puede servirte como una herramienta de entrenamiento para nosotros para enseñarnos cómo reconocer y someternos a Dios, también en cómo obtener y mantener sus bendiciones. En este capítulo vamos a discutir algunas lecciones que Dios quiere que aprendamos de nuestras crisis.

Reconocer y Someter

Las Crisis son diseñadas para instruirnos y traernos a reconocer la severidad de Dios. Debemos de recordar que Dios es soberano, y mientras recordamos, debemos ver la importancia de aprender a reconocer y someternos a su soberanía. Salmo 24:1-3 nos recuerda que:

¹ La tierra es del Señor, y su plenitud; el mundo, y los que en él habitan. 2 Porque la fundó sobre los mares, y la afirmó sobre los ríos. 3 Quién subirá al monte del Señor y quién estará en su lugar santo?

Todo en los cielos y en la tierra fue creado por y para El, creado por Su gran poder y autoridad. No hay otra cosa o mayor autoridad o poder que el de El. El sabe desde el principio hasta el final. No hay nadie más que sea más supremo o santo que El. Nadie más creó la tierra con sus palabras. Más allá, hasta Dios dijo en Isaías 46:9:

Acuerdense de las cosas pasadas desde los tiempos antiguos; **porque yo soy Dios, y no hay otro Dios, y nada hay semejante a mi.**

Dios usa estas crisis para revelar nuestros corazones y abrir nuestros ojos para reconocer quién es Él y Su maravillosa soberanía. Por medio de crisis, nosotros aprendemos que Dios no tiene una respuesta a nadie. Dios es el único soberano. Por Medio de crisis, nosotros aprendemos que Dios sobera y no es sólo sus reglas sino sobre sus reglas. Él nos responde sobre la oración. El es más que suficiente. El no solo te da una taza y deja tu taza que se llene. Él te da una taza, dejemos que tu taza se llene, y llene hasta derramarse. El no te deja que agarres un pez solo hasta que tu redes se llenan. El deja que se quiebre y se llene y se vuelva a quebrar. Así que, Dios no sólo accidentalmente encuentra tus necesidades.

Dios es el único quien puede tomar el Faraón y hacer que Moises y su familia se levante. En el Faraón creció Moises y su casa que lideró a la gente de Dios de él. El Faraón lo alimentó y lo crió, y lo dejó pasearse en una barcaza dorada río abajo del río

Nilo. Moises fue criado en la casa del sabio de Egipto. Por la soberanía de Dios, el gobierno y sobre el gobierno en esta situación. El quiso que el mismo hombre que el Faraón crió y lideró la gente de Dios antes que el ahora, tu dime que Dios no es maravilloso.

Mientras los creyentes dicen que nosotros reconocemos a Dios como soberano, de verdad entendemos como reconocer su soberanía? Vamos primero a ver qué es lo que significa "reconocer" a Dios. Reconozcamos que él significa que nosotros sabemos de su existencia y su autoridad. En Hebreos 11:6, nosotros fuimos enseñados que cuando vengamos a Dios, debemos primero tener fe porque sin ella es imposible complacerlo. De este modo, nuestra fe no significa solo una creencia sino una conexión poderosa que nos empodere para reconocer su soberanía. Después, nosotros nos dijeron que:

> … *pero sin fe es imposible agradar a Dios; porque es necesario que el que se acerca a Dios crea que él existe y que es galardonador de los que le buscan.*

Entonces, cuando reconozcamos a Dios, debemos saber de su existencia, soberanía, y habilidad para gobernar y proveer para nosotros. Que quiere decir esto? Nosotros lo reconocernos como el único, a quien hemos encontrado por medio de Jesus, su único hijo engendrado. Nosotros fuimos *salvados por su gracia por medio de su fe* (refencia asociada Efesios 2:8) y reconciliado hacia el. Solo Dios tiene el poder y la autoridad de diseñar el plan de salvación. Debemos identificarlo como El Santo único que tiene autoridad en nuestras vidas por el trabajo terminado de Jesucristo. Nosotros lo abordamos como nuestro creador y la fuente de toda salvación, justicia, paz, y felicidad. En capítulo 46 de Isaias, leímos que Dios nos recordó su gente - la casa de Jacob y el residuo de su casa en Israel de su sobriedad por ellos han reconocido y se han sometido. Como quiera, ellos se alejaron de este lugar de recognicacion y sumisión. Las crisis también se catalogan dependiendo de nuestra relación con Dios. Nosotros podemos confidencialmente decir que nosotros entendemos quién es Dios y su sobriedad – Su autoridad, poder, y presencia – y después someterse a él? Si no, nosotros necesitamos aprender y entender qué significa para someterse a su soberanía. Además, cuando nosotros pensamos que hemos aprendido algo, no deberíamos parar y asumir que aprendiéndolo una vez es suficiente. Al contrario, necesitamos seguir creciendo en recognizacion y sumisión porque sabemos que nuestra fe podría mover de el nivel uno al siguiente nivel de fe. Nuestro aprendizaje y entendimiento de Dios y su Palabra debería crecer de un nivel al siguiente. Nosotros necesitamos siempre estar en busca de él y profundizar nuestro deseo de ser más placenteros hacia él por medio de nuestra fe incrementada sumisión, y obediencia. Un método que Dios usa para profundizar nuestra relación con el y que nos enseña sobre su sobriedad y sumisión hacia él es por medio de crisis.

Ahora, aqui te dejo una pregunta grande: ¿Quién está en el trono? ¿Es Dios o yo? ¿Es Dios o tu? Sin embargo aquí es donde nos lleva. Después de reconocer su soberanía, que pasara despues? Después que identifiques y sepas que Él es supremo y tiene todo el poder y autoridad, quien es el patrón tú o El? El patrón es aquel quien es el más alto responsable autoridad en nuestras vidas. El patrón es la persona quien será permitida a gobernar en nuestras vidas. Esa persona es la que nos define y equipa para nuestro objetivo y futuro. Así que, ¿quién estará a cargo? ¿Es Dios? Quién "será" es el que va hacer en tu vida? Ese quien hará es el que te creo a ti y a mi. Como hizo el creador o creación dice el creador quien tiene una mente propia y planea a liderarse a sí mismo? Un mejor ejemplo es como un carro revela su diseño de motor o manufacturación que tiene una mente e intenta gobernarse a sí mismo. Esta es una cosa interesante de considerar. Alguien debe decidir si reconoceremos y someteremos a su soberanía – Poder, autoridad, y gobernación. O tu y yo vamos a batallar y patalear y pelear todo el resto de nuestras vidas hasta la tumba? Dios muchas veces usa nuestras crisis para decirnos que nos sometamos. Aun, cuando solo estamos peleando hasta el final. Desafortunadamente. Alguna gente finalmente alcanzó la última milla y todavía no se someten. Aún están batallando para hacerles saber que así mismos vamos a terminar al contrario de la voluntad de Dios. Esa es una difícil, justo ahí, pero Dios nos expone asi para que veamos donde estamos y que está en nuestros corazones. Dios tiene su forma fantástica de hacerlo porque lo que hace Dios es Dios que nos expone a delegar autoridad, por ejemplo, para encontrarnos si de verdad nos someteremos. Yo se que tu quieres ver bendito y decirme, " *Mi vida, Me someteré a el Señor*", pero tu eres tu y yo sometiendome la forma que el quiere, y lo que su soberanía requiere? Si somos honestos con nosotros mismos, todavía batallamos con elevar nuestra voluntad por encima de la suya. Vamos a ver a Exodious el capítulo 17, empezando por el versículo one:

> *Y toda la congregación de los niños de Israel viajó desde el desierto del pecado, después de sus viajes, de acuerdo con el comandado del Señor, y que acampó en Refidim: y no había agua para que el pueblo tomara.*

Ahora que está acordando con el comando de el Señor está hablando sobre acordando a liderar la nube y el pilar del fuego. Esto no es hablar sobre Dios hablando con ellos. Esto no es hablar de Dios diciendo, *"Hey ven, vamonos por aca."* Nos habla sobre él *"Siguiendo a la nube,"* y *"fue comprado en Refidim."* Ahora, desperate. No había agua que tomar para la gente. Te puedes imaginar ahora esa gente que batalló aquí, porque si lo hicieron. Ellos batallaron contra la escasez de agua.

Dios guió a los niños de Israel fuera de Egipto y por el desierto, demostrandoles un espejo de sus corazones y su personalidad mientras su crisis. La situación del agua fue una oportunidad de crisis. Los niños de Israel estuvieron tres días sin agua. Cuando llegaron a Mara, encontraron agua pero no pudieron tomarla. Ellos tenían agua para tomar, pero no era muy placentera. Esto significa que el agua tenía un sabor fuerte y desagradable, lo cual fue para ellos una experiencia decepcionante. Esta crisis empezó a ser una oportunidad para ellos, y ahora nosotros miramos una expectación fallida. Esta oportunidad de crisis fue una de las experiencias mordidas fuertes severas que ellos experimentaron. Esta es una chispa recordándonos de su batalla y la prueba de Dios en su problema de somnolencia. Una prueba repetida por medio de su viaje. Vamos a continuar con versículo dos en el mismo capítulo:

> *² el pueblo de Israel le reclamó a Moises, diciendo; danos agua para beber. **En respuesta, moisés les pregunto; porque conteneis conmigo? Por qué tentar al Señor?***
>
> *³ Así que el pueblo tuvo allí sed, y murmuró contra Moises, y dijo: Por qué nos hiciste subir de Egipto para matarnos de sed a nosotros, a nuestros hijos y a nuestros ganados?*
>
> *⁴ Entonces clamó Moises al Señor diciendo: Que haré con este pueblo de aquí a poco me apedrearan?*

Henry A. Foster

Así que, Moises dijo, y yo parafraseando aquí, *"Espera un minuto, Ahora tu no estás discutiendo conmigo. Estás discutiendo con el Señor"* ahora, déjame decirte esto. Esto es sobre un día el viaje de donde ellos estaban, de acuerdo con lo que lei en la concordancia, sobre un día el viaje de donde ellos estaban. Ellos no tenían nada de agua. La última vez que ellos viajaban, fue un viaje de tres días. Desafortunadamente, ellos están a punto de enojarse otra vez. Los niños de Israel fueron algo más cuando tu piensas sobre esto. Si Dios no hubiera mantenido el pan y el agua en la mesa para ellos, esta gente hubiera sido un desastre. Quiero decir, Dios cubrió cada necesidad que ellos tenían. Aun, si Dios no hubiera hecho todo al instante, esta gente no hubiera estado satisfecha. Así es como la gente lo toma hoy en día si Dios continuamente no mueve cuando ellos dicen mueve o haz lo que te pedimos. Yo te digo; Dios nunca responde una oración a nuestro horario. A él no le interesa nuestro tiempo. Desde que él conoce el principio y el fin, él sabe dónde está la orilla del acantilado. El no está preocupado sobre cuanto y como tu y yo estamos asustados porque nosotros ni siquiera sabemos dónde está la orilla del acantilado.

Asi que, tu estas diciendo, *"Señor, no me dejes caer sobre el acantilado."* Y Dios dice, *"Bien, que no ves el estante invisible que yo te puse ahi? Tu no te vas a caer."* Como quiera, como no tu no lo puedes ver, nosotros no lo podemos ver, nosotros tenemos miedo y no confiamos en Dios. Pensamos que estamos sobre la caída al acantilado, pero Dios no se emociona sobre eso porque Dios nos conoce.

Dios no está preocupado sobre contestar oraciones a tu disposición. Tu disponibilidad no le emociona a Dios "Contestame esta noche, Señor" Dios se esperara dos días más antes de contestar nuestras oraciones, Dios probablemente hará

10

La Oportunidad de la Crisis

lo que hizo con Lazaro *"así que, probablemente dirás el esta muerto?"* La muerte de Lazaro no le molesto a Dios. No le molesto a Jesus. La muerte de Lazaro por los tres días, todavía experimenta el poder y la autoridad de Dios. Así que, tu no obtuviste el dinero en el correo como tu creiste que lo recibirías ayer? *"Hará el Señor, yo te dije que lo necesitaba ayer"* y Dios no se emocionó. Tu estas emocionado. Yo estoy emocionada, pero él no se emociona. Esa canción vieja es verdad que probablemente Él no vendrá cuando tú lo quieras, pero Él está justo ahí a su tiempo. Antes de que tu caigas al precipicio, Él estará ahí. Y si no te llegase agarrar en el aire, El puede suavizar la caída. Él hará algo para ayudarte, pero Él siempre te responderá. Debemos saber que no podemos luchar contra la presa que Dios opera a nuestra disposición. Regresemos al episodio de Exodo 17 capitulo:

> *2 Y atercio el pueblo con Moises, y dijeron: Danos agua para que bebamos. Y Moises les dijo: ¿por qué alteráis conmigo? ¿Por qué tentáis al Señor?*
>
> *3 Así que **el pueblo tuvo allí sed, y murmuró contra Moises,** y dijo: Por qué nos hiciste subir de Egipto para matarnos de sed a nosotros, a nuestros hijos y a nuestros ganados?*
>
> *4 Entonces Moisés reclamó al Señor diciendo: Qué haré con este pueblo? De aquí a un poco me apedrearan*

La gente sedienta de agua, y la gente murmuraba. Ellos murmuraban contra Moises. Esta no fue la primera vez que murmuraban. Dejame te digo algo interesante aquí y es que cada cosa ellos continuamente acusaban a Moises ser el único de tratar de matarlos – a sus hijos – quién será el que logre llegar a la tierra prometida. Ellos continuamente murmuraban sobre cómo los mataría y a sus hijos. Aun así, los únicos que lograron llegar

11

fueron los hijos. La gente que no lo logró fueron aquellos que murmuraron, quejaron, y que no se sometieron.

Bienvenidos a su oportunidad de crisis, un tipo de escuela o sumisión, para aprender a cómo reconocer y someterse a Dios. Es un tiempo duro de aprendizaje. Estás sometido al Señor? Resistirse al gobierno de Dios sobre si eventualmente te guiará a una rebelión abierta. A mi no me importa quién eres o de donde vienes. No me importa cuando pienses que sabes de la Biblia, si tú continuamente te rehúsas a someterte y resistes al gobierno de Dios en tu vida, será eventualmente guiada a una rebelión abierta contra Dios. Después todos tendrán la oportunidad de ver que tú no estás ni estarás sometido a Él. Todos saben que les pasa a los jóvenes que continuamente quiebran la ley. Un joven que constantemente se resiste a la gubernatura y autoridad en sociedad y no pone atención a nadie, ¿qué le pasa? ¿Seguido viene a un lugar donde todos conocen que él es resistente? El viene a un lugar donde todos en la comunidad pueden ver a ese muchacho que no le importan las leyes, autoridades, por nadie. Cualquiera que continuamente se rehúsa a someterse a la gubernatura será expuesto al público. Todos tendrán su oportunidad de ver que ellos se resisten a lo que Dios quiere en sus vidas. Tu y yo nunca debemos de ser de esa manera.

Dios bendecirá nuestras idas y vueltas. Con eso, yo me refiero algunas veces, luchamos y batallamos. Dios nos bendecirá aun durante y en tiempos de nuestras batallas. *Como quiera, es importante darnos cuenta que Dios no bendecirá nuestras rebeliones abiertas. Rebelión es como el pecado de brujería* (1 Samuel 15:13a). Así que, Él definitivamente no bendecirá rebeliones. Dios responde a nuestras batallas y Él responde a rebeliones que son completamente diferentes. El bendecirá tus idas y vueltas, aun cuando estés atentando a pecados. Y todavía puedo bendecirte con eso. Esto no significa que Él bendecirá tus pecados o los celebrará. Así que, esto no le da a la gente una licencia al pecado. Dios, sin embargo, te bendecirá en tu llanto, humildemente sometiéndote antes que Él y viendo su ayuda sobre el pecado. Sin embargo, si te rebelas abiertamente contra el Dios y su autoridad, esto incluye su autoridad delegada, A él no le importa agarrar la luz para nada. Rebelión es seria con Dios. Vamos a echarle un vistazo a Isaías 66, los primeros dos versos:

> ¹ *Así dice el Señor: El cielo es mi trono y la tierra el estrado de mis pies: ¿dónde está la casa que me habrás de edificar, y dónde está el lugar de mi reposo?*
> ² *Mi mano hizo todas estas cosas, y así todas estas cosas fueron, dice el Señor:* **pero miraré aquel que es pobre y humilde de espíritu y que tiembla a mi palabra.**

Aquí, nosotros aprendemos sobre la generosidad de la persona que Dios saluda, y a la persona que reconoce su soberanía, y el que tiene una reverencia para su palabra, y tiemblen así mismos. De este modo, Él está viendo por la gente que se somete a él en reconocimiento de una reverencia para aquel que él es y su soberanía. Si nosotros estamos hablando acerca de ti, estamos hablando sobre cómo la gente ve y te trata, lo cual significa que te respetamos. Tus respuestas y tus opiniones son bien respetadas y creídas y traen peso. Como quiera, imagina que alcanzan otro nivel cuando hay humildad y sumisión en tu corazón cuando hablas. Cuando esta humildad y sumisión en tu corazón ocurra, tu no los tendras en contra de lo que digas. Porque ellos serán sometidos a eso. Y eso es lo que Dios quiere desde sus Santos sobre él, Su soberanía, y Su autoridad delegada..

Dios quiere sumisión y mandarnos a la escuela por medio de nuestra oportunidad de crisis para verla. En nuestra crisis, Él nos deja ver cómo actuaremos. Alguna gente fracasa en la prueba de sumisión una y otra y otra vez. Como quiera, ellos pasarán la prueba de ayuno, oración, y leyendo la Biblia. Ellos pasaran todas esas pruebas pero fracasaran la de sumisión.

Yo casi odio hablar de sumisión algunas veces porque una de las primeras cosas que a la gente le gusta o piensa acerca es cuando el pastor habla sobre somisión, él está hablando de gente necesitada de ponerse en los zapatos de los demás y callarse la boca. Como quiera, esto no es sobre eso. Nosotros hablamos sobre sumisión a Dios y después sometiéndose a Dios por medio de la autoridad delegada. Esta es una de las cosas más difíciles en el mundo. Tiende a ser específicamente difícil para la gente joven, ministros, y otros. Aun así, ese es el tipo de persona que Dios ama honrar, quien es sometido a Él y a su autoridad delegada. Vamos a ver una escritura familiar en la escritura de Jaime 4:6:

> *Pero El da mas gracia. Por eso dice: Dios resiste a los soberbios, pero da gracia a los humildes.*

Que dice? Dios da más *gracia y resiste a los soberbios pero da gracia al humilde.* Correcto al final, El dice, *"Sometete a ti mismo".* Así que, Él debió de estar hablando sobre sumisión. Dios da gracia al humilde. El les da más gracia. Más gracia significa que algunas veces necesitarás un poco de más gracia. Muchas veces, lo que la gente necesita es solo un poco de más gracia y menos paciencia. Dios sufre un poco más junto con nosotros. La gracia es el favor inmerecido de Dios, y también es la habilidad de Dios para cuando la muerte de Cristo nos reconcilie de nuestros pecados. Que Dios tan soberano es al que le servimos. Vamos a declararnos culpables y reconozcamos y sometemos a su serenidad y deseo.

Obtener y Mantener

Como cuando los niños de Israel, Dios puede usar nuestras crisis para ayudarnos a prepararnos para entrar y mantenernos en la tierra prometida. Estas crisis pueden ser dificultades financieras, problemas de salud, problemas de relaciones, o cualquier otra situación que nos reta en nuestra fe. Estas crisis vienen a revelarnos algunas cosas sobre nosotros y nuestros corazones. Sin esta revelaciones en nuestros corazones, nosotros cometemos errores o nos rehusamos hacer cosas en el camino de Dios, poniendo nuestras promesas a Dios en riesgo de perderlas. La mayoría de nosotros tuvo algunas cosas y las perdieron. Cuanta gente estuvieron bendecidos financieramente, y se ve como se les fue de las manos? Tu tuviste dinero. Todo estaba bien, y después, todo empezó a consumirse. Dios te ha demostrado la promesa o la tierra prometida. Dios te bendijo para que la tuvieses. Pero tu no tuviste para poderla mantener. Cuánta gente sabe que hay gente que han sido sanados antes pero que hubo algo que no supieron mantener mientras sanaban? Las crisis pueden producir en nosotros lo que necesitamos para obtener y después mantener lo que Dios quiere darnos. Mucha gente ha dicho, *"Yo tengo la victoria"*. Y dos semanas después, ni siquiera pregunta cómo les está yendo porque de alguna manera lo perdieron. Una forma en que nos puede enseñar agarrar y mantener lo que él tiene para nosotros es revelando las posturas de nuestras necesidades y las herramientas que tenemos que usar.

Dios nos quiere enseñar a pararnos y conducirnos en crisis. También quiere que aprendamos a reconocer y abarcar la autoridad y el poder que recibimos por medio de Cristo Jesus. Dios quiere que nosotros seamos vencedores. Estos deseos que él quiere para nosotros contribuyen a un tipo de postura que necesitamos tener. Así que, Dios nos pone en situaciones donde encontramos conflictos, enseñándonos a cómo comprometernos en bienestar espiritual. El bienestar espiritual es la batalla para el reino espiritual. Donde nosotros nos paramos contra las fuerzas del mal usando sus armas. Y sabemos que "**las armas de nuestro bienestar espiritual no son carnales sino poderosas por medio de Dios el derribamiento de fuerzas.**" (2 Corintios 10:4) al mismo tiempo algunos creyentes no quieren tener ese bienestar espiritual pero saben que no creceremos en el bienestar espiritual. Tu nunca tendrás bienestar espiritual si no tienes ese bienestar espiritual. Tú nunca llegarás hasta donde te sumerges en Dios tanto que no haya conflicto, batalla espiritual, o bienestar. Tu nunca llegaras a ese punto. Tu nunca lo haras, asi que tenemos que ajustar nuestras mentes y agarrar nuestras actitudes para que sepamos una cosa que debemos hacer: debemos luchar. Debemos luchar por las buenas luchas de la fe y recostarnos en el aprendizaje de la soberanía de Dios está con nosotros. El no solo está con nosotros pero también es una forma de todo lo que necesitamos para salir victoriosos de esta batalla.

Como un recurso de nuestra soberanía, Él nos ha dado armas para ayudarnos en nuestra crisis. Dios quiere que aprendamos a salir victoriosos de nuestras batallas de crisis. Nosotros aprendemos a usar esas armas primero leyendo acerca de ellas y equipandonos por medio del Espíritu Santo para usarlas, pero solo cuando las ponemos en práctica hablamos en que el nos las ha dado. Este viaje de aprendizaje y crecimiento es un testamento a nuestro bienestar espiritual, inspirandonos a continuar nuestra fe con el vigor de renovación y determinación.

Así que, ¿qué nos ha dado El que tenemos que aprender a aplicarlo durante una crisis? Durante una crisis, nosotros podemos crecer por una vida de oraciones. Nuestra oraciones deben expandirse a incluir, fe llena de confesiones y peticiones de confesiones de ayuda de Dios, como *"Señor, enseña a mis manos a luchar y a mis dedos a pelear"* (referencia del Salmo 144:1). Otras armas que tenemos que ejercitar, aprender cómo usarlas, y fortalecerlas a usar incluso, pero no limitarnos, a la guerra de Dios, es el nombre de Jesus, la Sangre de Jesus, fe, y el saber atar y desatar (ve la sección de recursos de este libro para algunas referencias de las Santas Escrituras). Tomar conciencia y ser hábil con nuestro inventario de armaduras es esencial. Más importante, ceder y confiar en el poder de Dios por medio de la persona del Espíritu Santo es crítico. Nunca debemos hacer nada para el Señor hasta que aprendamos a sobresalir en nuestras batallas.

Muchos de nosotros no entendemos qué pasa con nosotros en una batalla. Muchas veces, alguna gente termina siendo una batalla de miedo o una batalla desgastante. Como quiera, debemos seguir luchando, porque la guerra no ha acabado. Yo te aseguro que no porque hayas ganado una batalla no significa que la batalla ya se acabo. Cuando no estamos en una guerra, debemos prepararnos para cuando haya una, lo que significa que siempre debemos estar listos. Aun, por eso es que tenemos muchos Cristianos que son débiles, muchas veces, no podemos ver las luchas de la batalla con el diablo y ganar porque nunca aprendemos a prepararnos para salir victoriosos en la batalla. Tu no estas preparado para la batalla cuando es conveniente. Tú te recuerdas que la palabra de Dios dice acerca de ti, tu autoridad y poder, y armas. Reconozcamos la soberanía de Dios y todo su poder a tu lado debería causarte una postura diferente. Tu también no te conviertas en débil. Tienes que aprender a ser fuerte en el Señor y en su poder misericordioso. Y nada puede terminar sin fe. Nuestra fuerza, poder, y victoria viene de Él.

Una cosa acerca de este tentador, y demonio, y el reino de la oscuridad son por siempre tratando siempre de fascinar, para atacar la gente de Dios todo el tiempo. Su última meta es destruirnos. El demonio ve, observa, y espera. Su arma secreta es la decepción. El siempre busca la forma de engañarnos y destruir nuestra fe y relación con el Señor. Siempre está viendo una apertura por donde él pueda destruir nuestra fe y destruir nuestra relación con el Señor Jesucristo. Y a él le gusta destruir nuestra productividad si puede hacerlo. Si él puede destruir nuestra fe y destruir nuestra relación con el Señor, entonces él empieza atacar de alguna forma u otra. El demonio, es nuestro enemigo espiritual, constantemente viendo socavar nuestra fe y romper nuestra relación con Dios. El siempre se anda buscando formas de escabullirse para destruir nuestra productividad y cuando somos improductivos, como distraernos con deseos mundanos o causandonos dudar de nuestras habilidades. A él no le importa cuando seamos Cristianos y gente del Reino, a él lo que le importa es hacernos que no produzcamos nada. Nosotros exhibimos dominación cuando nosotros somos cosecha, multiplicamos, reponemos, y dominamos. Con esa dominación, que nuestro Dios nos dió autoridad es manifestada en cada situación. Mientras Tanto, como buenos administradores, podemos reinar y gobernar en cada crisis.

Capitulo 2

LA APROBACION

Mientras la crisis sirve como una herramienta de aprendizaje o escuela para enseñarnos, también sirven como un espejo, reflectante a la condición actual de nuestros corazones. Las Crisis nos exponen a ver lo que hay en nuestros corazones. Dios por el otro lado, ya sabe lo que hay en nuestros corazones. Él es el único con acceso a entender los corazones de los hombres. Los hombres no conocen sus corazones, así que Él expone sus corazones como un maestro que revela las respuestas correctas después de un examen. Si tú le preguntas a la gente, ¿ conoces tu corazón? ¿Entiendes lo que pasa aquí? Algunos dirán si. Como quiera, podrían estar equivocados. Ellos no saben, Cómo podríamos conocer nuestros corazones y los de los hombres?

Nuestra habilidad de conocernos a nosotros mismos es limitada. Seguido, nosotros no vemos cómo respondemos a situaciones hasta que ocurren. Podremos pensar que actuamos de una manera solo para descubrirlas después que ocurren de diferentes respuestas. Es por eso que Dios no ha expuesto nuestros corazones y asi sabremos que está ahí. Dios nos indica en sus palabras que él sabe más acerca de ti y de mi que nosotros. Echemos un vistazo a Éxodo 16:4:

Entonces el Señor le dijo a Moises: He aquí, haré llover pan del cielo para ustedes; y el pueblo saldrá y recogerá la porción de cada día, para que **yo lo ponga a prueba si anda en mi ley o no.**

Sorprendentemente, Dios hizo llover pan del Cielo y lo uso para probar ala gente si estaban bajo su ley o no. Tu te preguntaras a ti mismo: **"Cómo es que pan viniendo del cielo provo si estaban bajo la ley de Dios?"** Esta palabra, probar, puede ser la prueba. Revela o examina para demostrarte quien eres. Ahora una crisis puede servir como un tiempo de entrenamiento para indicar dónde estás y la condición de tu corazón y tus intenciones expuestas. Esta situación del pan puede ser una oportunidad de crisis para ver qué tienen en sus corazones. Demuestra si están satisfechos con que Dios cubra tus necesidades. Seguido, la gente batallan como los niños de Israel. Dios cumple nuestras necesidades. La cosa es que algunas veces nosotros tratamos de sobrellevarnos a nosotros mismos y asi no es. Dios nos muestra que hay necesidades que solo él puede cubrir. Todos hemos tratado alguna vez de cubrir nuestras necesidades o dictar/regular como deberían ser cubiertas hasta que encontramos qeu solo Dios puede hacerlo. Dios puede y solo el llenar nuestras satisfacciones profundas y deseos profundos de nuestros corazones. Sabías que la carne nunca es satisfecha? Nunca podrás satisfacer la carne.

Revelacion

Israel tenía muchas crisis en sus vidas, y el propósito de la crisis fue revelar o manifestar la condición de sus corazones. Dios te expone a ti y a mi a muchas cosas para ponernos en muchas situaciones. Esto incluye dejarnos entrar en situaciones de retos porque Dios quiere revelar el contenido de nuestros corazones. Que hay en nuestros corazones que seguido exponemos al trono o a quienes serán seguidos principalmente, y muchas veces, nos sorprendemos. Vez, no sabemos que hay en nuestros corazones. Podremos pensar que nuestros corazones y motivos son puros, pero que ve y dice Dios acerca del contenido de nuestros corazones? Acaso está de acuerdo con nuestras evaluaciones de nosotros mismos? O acaso él ve algo mas? Como la Biblia dice en Jeremías 17:9:

Engañoso es el corazón más que todas las cosas, y perverso; quién lo conocerá?

Acaso no nos vemos tan bien y presumidos, como si nuestros corazones fueran tan puros? Pues así debería de ser, pero sabías que nosotros no sabemos del contenido de nuestros corazones? Toma la Palabra de Dios, siendo flexible al Espíritu Santo, y una crisis en nuestros corazones a ser expuestas las condiciones de nuestros corazones porque no sabemos que son. Tu nunca sabrás lo que hay en nuestros corazones algunas veces hasta que hay una presión de ponernos en una crisis. Aparte de eso, él ni siquiera sabe quien és sí mismo. Como quiera, si quieres encontrarte a ti mismo, deberás darte la mano contigo mismo. Si no sabes de ti, pero Yo me conozco, y yo no estaba como yo creí que estaba. Algunas personas agarran sus manos con las puertas y no dicen bendiciones. Al contrario, ellos dicen algo más, como una mala palabra, y después dudan o cuestionan si deberían hacer cuando se les dice que hagan. Toma una crisis para exponer nuestros corazones. Así que, si no tenemos una crisis, no sabemos que hay en nuestros corazones.

Dios nos permite tener una oportunidad de crisis para demostrarnos quienes somos. El ya sabe quienes somos, pero nosotros no sabemos. Nosotros seguimos pensando que lo tenemos bajo control. Pedro, por ejemplo, pensó que lo tenia bajo control en Marcos 14:29-31:

> ²⁹ *Pero Pedro le dice a Jesús:* "**Aunque todos se escandalicen, yo no.**"
> ³⁰ *Te aseguro* **le contestó Jesus,** *que hoy,* **esta misma noche, antes de que el gallo cante por segunda vez, me negarás tres veces.**
> ³¹ *Pero él con mayor insistencia decía: Si me fuere necesario morir contigo,* **no te negaré,** *también todos decian lo mismo.*

Aquí, Pedro está en una situación y está apunto de tener una oportunidad de crisis. De nuevo, estoy parafraseando aquí. El le dijo a Jesus, "*Nunca te dejaré. Yo no, Jesús.*" Aun así, él lo iba hacer y lo iba hacer varias veces. El iba a negar a Jesus antes de que el gallo cantara tres veces. Eso fue lo que le dijeron, "*Tú me vas a negar.*" y el muy confiado respondió con un "no, yo no... yo moriré contigo, bebe". Y cuando el gallo cantó por tercera vez, ya había negado a Jesus tres veces. Jesus entonces lo vio, y Pedro solo agacho su cabeza y lloró porque el dijo, "*Como sabes tu que voy hacer yo?*" Jesus dijo, "*Yo sé más de ti que tú mismo.*" Eso es lo que nuestra Biblia dice y subraya para nosotros.

Vamos a viajar al viejo testamento y veamos otro ejemplo de Dios queriendo probar y revelar algo a nosotros. Veamos a Éxodo 20:20, Deuteronomio 8:2, and Jueces 2:22-23, donde Dios nos dice que intenta probarnos para revelarnos algo:

> Y Moises respondió al pueblo: No teman, porque para probarnos vino Dios, y para que su

temor esté delante de vosotros, para que no peques. Exodo 20:20

Y te acordarás de todo el camino por donde te ha traído **el Señor tu Dios estos cuarenta años en el desierto, para afligirte, y para probarte, y para saber lo que había en tu corazón, si habías de guardar o no sus mandamientos.** Deut. 8:2

Para **probar con ellas a Israel, si procurarán o no seguir el camino del Señor andando con él,** *como lo siguieron sus padres.* Y *para probar a Israel, el Señor dejó que queden de aquellas naciones sin echarlas pronto, y no las entregó en mano de Gedeon ni de Josue.* Jueces 2:22-23

Los niños de Israel en el desierto son nuestros modelos para ver cuando no estamos realmente caminando en la ley de Dios y nos dice que caminemos en ella. La mayoría de la gente no caminan en las leyes del Señor que nos dice que caminemos. Podemos ver a los niños de Israel y ver que ellos se salieron de la vereda. Además, podemos ver donde estamos. Acaso estamos donde pensamos que lo estamos? Si no estamos seguros, entérate de esto; si nosotros decimos que somos suyos y siempre seremos *"probamos"* a demostrarnos donde estamos. Durante el durante, El a la mejor usara las oportunidades de la crisis que nos involucran cosas como conflictos y decepciones.

Probandonos que Dios es esencial. En su soberanía, Él tiene el poder, la autoridad, y el derecho legal para hacernos saber con evidencias que realmente existe en nuestros corazones. Como ya lo declaré anteriormente, las crisis son como Dios las hace. Nuestras oportunidades de crisis son una oportunidad para demostrarnos donde estamos o no, y porque él nos da la oportunidad de hacerlo bien. ¿No es eso maravilloso? Dios no solo expone la condición de nuestros corazones por el simple hecho de hacerlo. No lo hace solo para que podamos verlo y sentirlo como fracasas o puedes hacerlo, pero debemos de ser humilde nuestras vidas y someternos para que esa corrección ocurra.

Correccion

Como ya lo mencione en otras secciones, Dios nos pone y nos expone en situaciones y cosas para demostrarnos que hay en nuestros corazones. Además, Él nos corrige. Corrección es una palabra que no existe para la gente. En vez, puede causar que la gente se avergüence cuando esto sea escuchado. El puede corregir a quien sea. El puede corregir al Papa, al gobernador, al predicador, y al Obispo. No importa. Dios corregirá a quien sea. Seamos honestos, y a nuestra carne no le gusta la corrección. No se somete fácilmente al deseo de alguien más, no le gusta hacerlo, como a un Deseo de Dios. Como quiera, la corrección es crucial y beneficia a creyentes y su crecimiento espiritual. Como sabemos? Bueno, Me da gusto que preguntes. Vamos hablar sobre la Palabra de Dios en Hebreos capítulo 12, empezando con el versículo cinco:

> *⁵ Y habrás ya olvidado la exhortación que como a hijos se les dirige, diciendo; Hijo mío,* **no menosprecies la disciplina del Señor, ni desmayes cuando eres reprendido por el.**
> *⁶ Porque* **el Señor a que ama, disciplina, y azota a todo el que recibe por hijo.**

Si sabes que Dios te ama? Desde los versos que acabamos de leer, debemos ver que la corrección no es refleccion. Muchas veces, nosotros pensamos en que corrección es refleccion. Es por eso que seguido, si el predictor predicta y el dice algo, te pega donde mas te duele, verdad? Te duele dónde está ese lugar que está un poco adolorido, y pone el pulgar en él y lo tuerce, lo cual duele. Nosotros creemos que alguien después de nosotros. Seguido tenemos una actitud y nos ofendemos enseguida, pero una corrección no es un rechazo. Las afirmaciones son esenciales, y aquí está una para ti. Di a ti mismo que una corrección no es un rechazo y que Dios te sigue amando.

Continuemos con la lectura en Hebreos capitulo 12, versículo siete y ocho:

> [7] *Si soportas la disciplina,* **Dios nos trata como a hijos;** *que hijo es aquel a quien el padre no disciplina?*
>
> [8] *Afirma que* **si una persona no recibe disciplina,** *"***entonces son bastardos y no hijos***", lo que implica que la disciplina es una señal de ser hijo de Dios.*

Si nosotros despreciamos a Dios por corregirnos, Dios nos dice que entonces no somos sus hijos. Si no podemos parar a la gente que nos castiga, entonces que pasara? Ahora, tenemos que saber quien es el Señor, por supuesto, quien está haciendo el castigo. Comoquiera que sea, Dios algunas veces permite que la gente en nuestras vidas funcionen como los castigadores, verdad? Dios nos disciplina para que seamos sus hijos. Si aceptamos el castigo del Señor, entonces él dice que no somos bastardos. Por el contrario, somos hijos de Dios. ¿Qué significa ser un bastardo aquí? Significa que si rechazas el castigo y nadie puede corregirse, entonces pasas a ser un bastardo porque entonces tu no perteneces verdaderamente a Él. Y eventualmente, tu te alejaras de Dios. Aun así es fantástico que dejemos a la gente en nuestras vidas a corregirnos, pero no esperamos que el Señor nos corrija. Es esencial mencionar que Dios no se tira del cielo con un cinto para castigarnos o corregirnos. El usa a la gente y trae situaciones – crisis. Y el dice que si permitimos a nuestros no salvados padres, gente impura, o gente que no sabe del Señor, no solo eso, pero la gente, aún conociendo al Señor en comparación con Dios, no son soberanos y santos como El. Si nosotros permitimos que nos castiguen, Yo te lo digo aquí, pero él dice, *"Cuanto más deberás permitir para que Dios te castigue."* Dios nunca te corregirá por nada. Yo podría castigar a la gente por nada. Alguna vez has cometido un error, nalgueado a tu hijo, y después encontrar que ese niño era inocente? Yo sí, pero cuando descubro que el niño no lo hizo. Me siento muy mal. No puedo creer que le golpee por nada, pobre pequeño.

Como creyentes, tenemos que enfrentar el hecho muchas veces, algunas de las cosas que hablamos, tenemos y deberíamos de ver a nosotros mismos. Algunas de las cosas que hemos hecho. Entonces, cuando miremos al Santo Dios quien nunca hace errores, nunca nos corrige, o disciplina a menos que haya una razón. Si dejamos que la gente nos corrija, nos discipline, y nosotros lo permitimos, y crecemos y agradecemos por ello, cuanto más debemos de agradecer a Dios que es verdadero por disciplinarnos? Nuestra postura debería ser más como, *"Señor, Estoy tan agradecido que no me dejarías salir con la mía. Yo estaba en el camino equivocado. Estaba apunto de meterme en algo que estaba muy pero muy arruinado."* Todos deberíamos estar agradecidos. Yo estoy muy agradecida que Dios no me dejo hacer algunas de las cosas que quería hacer.

Capitulo 3

DESARROLLAR

En los tiempos de retos de hoy en día, Dios no está distante pero siempre está presente. Además, a pesar de cualquier crisis que estemos enfrentando, debemos aprender a ver lo bueno que nos pueda traer. Estas crisis sirven de espejo, revelando nuestros corazones y guiándonos hacia un crecimiento espiritual. Dios tiene varios métodos para el desarrollo de su gente. Cuando el nos desarrolla, puede seguido verse, tocarse, y parecer difícil que nos está disciplinarnos. En estos casos, nosotros podemos pensar que es el demonio pero no es. Es el modo que Dios nos educa, es Dios mismo. La razón es que Dios está interesado en el personaje más que está en su ministro, programa, o cualquier otra cosa.

Dios me ha de guiar en una nueva dirección. Esta nueva dirección envuelve sus intereses. Primero, la gente siguido quiere construir una "casa" para Dios, un edificio nuevo y grande, o desarrollar más los que ya existen. Él quiere que nosotros tengamos lugares de culto donde su nombre pueda permanecer permanente, pero Dios no está interesado en una casa física o un edificio físico. Mientras yo no estoy diciendo que nosotros podremos construir o hacer nuestras propias iglesias o estructuras de apoyo, Yo estoy diciendo que esta es una sola cosa que Dios no está interesado en un edificio o desarrollando tanto como nosotros estamos interesados en eso. Por el contrario, Dios está más interesado en desarrollar un edificio en nosotros– que somos nosotros sus templos. Esta es la casa que él está más interesado en desarrollar, traernos todos juntos y haciendo de nosotros una casa espiritual. Esto es lo que Dios está interesado más que una iglesia física donde la gente es fría como hielo. El no tiene interés en lugares fríos. Su espíritu no es un residente aquí y no se moverá al compás de la gente. El quiere construir una casa espiritual donde estemos como piedras animadas que hacen una casa espiritual.

Yo también creía que Dios estaba más interesado en mi ministro que en desarrollar mi personaje. Como quiera, Él me aclaró que valora mi personaje sobre el ministro. El dijo, "...*Yo no me emocionó sobre el ministro que te doy*." El dijo, "*pero yo quiero personaje porque, sin tu personaje, ministro no significa nada*." Yo dije, "*bueno, alabado sea el Señor*." Yo sé que esto suena chistoso, pero a su tiempo, no fue inicialmente. Después, cuando yo entendí mejor que Dios estaba haciendo sus beneficios, yo estaba agradecida. Similar a Paul, quien compartió esto con la iglesia en Philippi que (Filipense 4:12, AMP):

> *Yo sé lo que es vivir humildemente (en tiempos de dificultad) y también se lo que es vivir en abundancia y vivir en prosperidad.*

Él aprendió cómo estar contento en cualquier situación o crisis, sabiendo que los tiempos de retos también benefician su crecimiento. Yo también, vine a entender las crisis, mientras el resto, hay herramientas que Dios usa para el desarrollo de nosotros. Este entendimiento me asegura y me inculca un sentido de confianza. Yo agarre después que Dios quiere construir nuestro personaje y crear nuestra consciencia de sí mismo y su abundancia, su presencia recursos, asegurando que siempre nos sintamos seguros y apoyados.

Personaje

La palabra de Dios nos indica que las crisis nos ayudan a demostrar el corazón de los hombres revelando nuestro verdadero personaje y en la profundidad de tu fe en él. Vamos a revisar a 1 Corintios 10:

¹ no quiero, hermanos, que ignoréis que nuestros padres estaban toros bajo la nube y todos pasaron por el mar;
² y todos en Moises fueron bautizados en la nube y en el mar;
³ y todos comieron el mismo alimento espiritual;
⁴ y todos bebieron la misma bebida espiritual, porque bebían de la roca espiritual que los seguía, y la roca era Cristo.
*⁵ pero **De los demas de ellos no se agrado Dios; por lo cual quedaron postrados ne el desierto.***

Guau. ¿De qué está hablando él aquí? Dios no quedó satisfecho con muchos de ellos, no solo unos cuantos. Leyendo y viendo este pasaje es importante porque muchos de nosotros algunas veces decimos que enseñar o predicar el Viejo Testamento es nuestra orden para esta época y este día. Como quiera, El Viejo Testamento, La Biblia nos dice en sus Sagradas Escrituras de nuestros ejemplos. Nosotros podemos ver el Viejo Testamento. Ver todo lo que quieras ver y no es hasta el Nuevo

Henry A. Foster

Testamento que ha actuado. Algo de eso, tienes que ir a el Viejo Testamento, para verlo, y después ponerlo todo junto con eso y el Nuevo Testamento, continuemos leyendo el resto del pasaje:

> *⁶Ahora* **Estas cosas sucedieron como ejemplo para nosotros,** *para que no codiciemos cosas malas, como ellos codiciaron.*

Yo quiero tambien ver que este mismo pasaje en la Biblia Ampliada:

> *⁶Ahora* **estas cosas (las advertencias y amonestaciones) tomaron lugar como ejemplos para nosotros,** *para que nosotros no caigamos en las cosas del demonio como ellos lo hicieron.*

Esto nos deja saber que algunas de las cosas escritas sobre los niños de Israel cuando ellos estuvieron en el desierto. Adicionalmente, nos deja saber que todo en el Viejo Testamento es para nuestro ejemplo. En el mismo capítulo, pero versículo once, El dice:

> *¹¹ Y estas cosas que les pasaron a ellos son un ejemplo y advertencia para nosotros; y estan escritas para instrucción de nosotros para amonestarnos a nosotros,* **a quienes ha llegado el fin de los siglos.**

Así que, El Señor decide a un personaje fuerte en nosotros. El usa las crisis para formar y desarrollarnos en lo que El guarda. Justo como Israel enfrentó numerosas crisis, también, nosotros, enfrentaremos múltiples oportunidades de crisis. El objetivo de estas oportunidades es revelar la condición de nuestros

30

corazones y el desarrollo de nuestro personaje. El plan de Dios es verdaderamente magnífico. Similarmente, nosotros encontramos oportunidades de crisis para definir nuestro personaje. Este proceso es necesario porque, como ya mencione antes, no estamos pletamente consiente de los contenidos de nuestros corazones; solo Dios sabe.

Nuestro personaje es crítico para nosotros en este momento y en nuestro futuro. Nuestro personaje puede dificultar lo que Dios quiere hacer por medio de nosotros. Tu personaje y el mio habla de que tipo de calidades morales tenemos. Habla sobre si podemos o no confiar. Yo seguido me pregunto: *Que tan lejos puede tu nombre llevarte o a tus hijos con tu nombre?* Tu nombre, las integridades asociadas con él, beneficios tanto tuyos como de tus hijos, y los hijos de tus hijos. Y las integridad se atan a tu personaje. Así que, ¿qué tan lejos pueden ir en tu nombre? ¿Es tu nombre asociado con algunas a quienes confiamos o quien nos engaña u odia? Eres conocido como el ladrón de gloria o alguien a quien Dios acreditó por lo que ha hecho?

Nuestro personaje, tuyo, y mio, debería ser lo que dejamos como nuestro último legado para nuestros descendientes. Este legado está basado en nuestro pacto con Dios por medio de Jesucristo y nuestras integridades en los ojos de Dios. Esto no es una transformación de la noche a la mañana. Dios seguido tiene que revisar nuestra historia de nuestras vidas para traernos a este punto. En este proceso, El usa situaciones que añadir, quitar, o las dos cosas de nuestro personaje y reputación.

En una crisis, no empecemos a culpar a Dios y dejarle todo a él, haciendo que nosotros no seamos buenos. Solo se que lo que sea que Dios hace con nosotros, para nosotros, por medio de nosotros, y para nosotros, es para nuestro bien. Esto incluye disciplina, la cual es una señal de su amor. Tu y yo nunca debemos ser lo que Dios quiere que seamos si él no lidia con nosotros. Dios nos ama, y él nos castigará. Ahora, ya te diste cuenta que Dios no dijo algunos hijos, pero El flagelo cada hijo que recibe. Hay algo donde Dios tiene que hacerte saber quien era. Era algo pequeño que no se sentía bien, pero él estaba desarrollando tu personaje. Desarrollando nuestro personaje nos pone en una posición mejor de aprendizaje y camino a la abundancia de los recursos de Dios.

Conciencia

En la sección anterior, tus oportunidades de crisis han sido vistas como una herramienta de aprendizaje o una escuela para construir tu y mi personaje. Revisemos las crisis como en una escuela donde tu conciencia se está desarrollando. Así que, qué hay sobre tu conciencia que necesita ser desarrollada? Una cosa es una conciencia de la abundancia de los recursos de Dios. El es dueño de todo. A el no le falta nada. Algunas veces, la gente ve sus situaciones y se les olvida el hecho de que Dios creó todo pero también le pertenece todo. Nosotros decimos que *el Señor es nuestro pastor, y nosotros no queremos* (asociamos las referencias Salmo 23;1), pero creemos eso? O solo estamos hablando? Por supuesto, nosotros crecemos en nuestro conocimiento de Dios, y deberíamos saberlo. Así que, necesitamos crecer en nuestra conciencia y fe en su habilidad de proveer para nosotros y en la abundancia que él tiene y que tiene accesible para él. Así que, ¿qué tan rico es Dios? Vamos a tomarnos un tiempo de leer y meditar en Deuteronomio 8:16-17:

> *16 En el desierto te alimentó con maná,, comida que jamás conocieron tus antepasados;*
> *17 Y digas en tu corazón: Mi poder y la fortaleza de mi mano me han traído esta*

riqueza.

Espera. Por favor haz una pausa aquí y mira que nos dice el versículo diez y siete. Este versículo nos subraya cómo alguna gente puede contribuir a su bienestar y éxito de si mismos, una perspectiva que puede llevar a un sentido de autosuficiencia. Como quiera que sea, es crucial que conozcamos nuestros logros no son solo nuestros pero son un resultado de la gracia de Dios, provisión, y guía. Este siguiente versículo nos ayuda a aumentar nuestra conciencia de su verdad, iluminandonos, y darnos la fuerza de coneccion espiritual, guiándonos hacia un entendimiento más profundo de su soberanía y su papel en nuestras vidas (Deuteronomio 8:18):

> *[18] Sino **acuérdate de el Señor tu Dios, porque él te da poder para hacer riquezas,** a fin de confirmar el convenio que juro a tus padres, como en este dia.*

Así que, una crisis también puede llevarnos a un punto donde nosotros realicemos la abundancia de los recursos de nuestro Padre. Alguien está teniendo una crisis ahorita o conoces algo sobre tiempos difíciles? Tu has de pensar que conoces la riqueza de Dios, pero no es así. Tu podras conocer sobre un tipo de riqueza, pero la riqueza de Dios abarca el mundo y más allá. Piensa sobre el hijo prodigo (parabola es encontrada en Lucas 15:11-32). El conoció la riqueza de su padre. Es por eso que fue que vine aquí y estoy parafraseando y dijo; *"Dame mis bienes. Me tengo que mover de aquí. ¿Me puedes dar mi dinero? ¿Me lo puedes dar? Es mi dinero."* Su padre le contesto, *"Claro."* Pero él sabía que su padre tenía más que eso porque cuando pasó por hambre, el hijo pródigo se dijo a sí mismo, *"yo solo estoy comiendo aquí con los marranos."* Empezó a pensar sobre todas las cosas que su padre tenía. *"Tengo que regresar a casa. Él le sirve a los sirvientes mejor que yo comiendo aquí."* Como quiera, es justo una manera de saber las riquezas de su padre.

El hijo pródigo no sabía la misericordia de su padre. Ves, eso nunca fue revelado. Todo el dinero fue revelado a él. Aun, cuando vino asombroso de regreso a casa, andrajoso, y sin ropas después de haber estado con los marranos, un Judio regresa a casa, y su padre ve hacia arriba y lo ve venir, corre hacia él, y pone sus manos sobre él. Y en vez de decir, *"Llevarlo de regreso y déjalo estar con los sirvientes,"* él dice, *"Miren, maten al mejor becerro gordo, traeme la túnica, y traeme mi anillo…"* El hijo pródigo ahora aprendió algo y supo sobre el bienestar de Dios y sus recursos. Ahora, él descubrió que su padre no sólo era rico financieramente, pero su misericordia perdura por siempre.

Dios nos permite estar en crisis justo para que él nos pueda enseñar algo algunas veces, como su misericordia y sus riquezas. Tu y yo necesitamos saber cómo es la riqueza de Dios. Necesitamos saber justo como es su riqueza. Israel se manifestó en la condición de sus corazones, y cuando eso pasó, ellos abarcan el espectro con su fe. Ellos tenían fe. Ellos tenían poquita fe. Nunca perdieron su fe. Y algunas veces eso enseñó que tenían en sus corazones. Nosotros no tenemos fe. Algunas veces, nosotros tenemos poquita fe, y después tienes esos cuantos que creen en Dios en la cara de todo, quienes tienen buena fe. Sin embargo tu no tienes los detalles, tu todavía crees en él, y él dice, *"Buena fe."* Tu tienes fe que está sobre la razón. Si la fe es justo con la razón, no es muy bueno. La Fe tiene que ir más allá del razonamiento.

Siendo enseñado, probado, y desarrollado expone que necesita que se termine pero también ayuda a incrementar nuestro entendimiento hacia el deseo de Dios. Las crisis no son barricadas sino herramientas de emprendimientos y piedras del camino hacia las promesas de Dios que tiene en su tienda para nosotros. Ellas también son bendiciones en las nubes de dificultad, seguridades que Dios siempre está con nosotros, guiándonos por medio de tormentas y guiandonos hacia días mejores.

RECURSOS

Aquí tenemos Sagradas Escrituras comunes que nos ayudan a pasar por las oportunidades de las crisis:

La Soverenidad de Dios

Genesis 1:1 – En el principio Dios creó el cielo y la tierra.

Salmo 11 5:3- Pero nuestro Dios está en el cielo: Él ha hecho todo lo que ha querido.

Proverbios 19:21- Muchos pensamientos hay en el corazón del hombre, pero el consejo del Señor permanecerá.

Salmo 103:19 - El Señor estableció en los cielos su trono, y su reino domina sobre todos.

1 Cronicos 29:11-12 - [11] Tuya es, Oh Señor, la grandeza y el poder y la gloria y la victoria y la majestad, en verdad, todo lo que hay en los cielos y en la tierra; tuyo es el dominio, oh Señor, y te exaltas como soberano sobre todo. [12] De ti proceden la riqueza y el honor; Tú reinas sobre todo y en Tu mano están el poder y la fortaleza, y en tu mano está engrandecer y fortalecer a todos.

La Oportunidad de la Crisis

Salmo 135:6 - Todo lo que el Señor quiere, lo hace, en los cielos y en la tierra, en los mares y en todos los abismos.

Proverbios 21:1 - Como los ríos de agua, así está el corazón del rey en la mano del Señor; a todo lo que quiere lo inclina.

Isaías 46:10 - Yo anuncio desde el principio lo que está por venir; desde la antigüedad, lo que aún no ha sucedido. Yo digo: 'Mi consejo permanecerá, y haré todo lo que quiero hacer'"

Mateo 19:26 - Y mirándolos Jesus, les dijo: Para los hombres esto es imposible; mas para Dios todo es posible.

Proverbios 16:4 - Todas las cosas ha hecho el Señor para sí mismo, y aun al impío para el día malo.

Colosenses 1:16 - Porque en él fueron creadas todas las cosas, tanto en los cielos como en la tierra, visibles e invisibles; ya sean tronos o dominios o poderes o autoridades; todo ha sido creado por medio de él y para el.

Jeremías 32:27 - He aquí, yo soy el Señor, Dios de toda carne; habrá algo que sea difícil para mí?

Isaías 14:27 - Porque el Señor de los ejércitos lo ha determinado, y quién lo impedirá? Y su mano extendida, quién lo hará volver atrás?

Efesios 2:10 - Porque somos hechura de Dios, creados en Cristo Jesus pra buenas obras, las cuales Dios dispuso de antemano a fin de que las pongamos en practica.

Jeremías 32:17 - Oh Señor Dios! He aquí que tú hiciste el cielo y la tierra con tu gran poder, y con tu brazo extendido, ni hay nada que sea difícil para ti.

1 Crónicas 29:11- "Tuya es, oh Señor, la grandeza y el poder, y la gloria, y la victoria y la majestad; porque todas las cosas que están en los cielos y en la tierra son tuyas. Tuyo, oh Señor, es el reino, y tú eres excelso sobre todos.

Juan 1:3-4 - ³ todas las cosas por él fueron hechas, y sin él nada de lo que ha sido hecho, fue hecho. ⁴ En él estaba la vida, y la vida era la luz de los hombres.

Revelacion 15:3 - Y cantaban el cántico de Moises, siervo de Dios, y el cántico del Cordero, diciendo: Grandes y maravillosas son tus obras, Oh Señor Dios, Todopoderoso! Justos y verdaderos son tus caminos, Oh Rey de las naciones!"

Salmo 104:24 - Cuán innumerables son tus obras, Oh Señor! Hiciste todas ellas con sabiduría; La tierra está llena de tus beneficios.

Esperanza

Jeremías 29:11 - Porque yo sé los pensamientos que tengo acerca de vosotros, dice el Señor, pensamientos de paz y no de mal, para darnos un porvenir y una esperanza.

Isaias 40:31 - pero los que esperan en el Señor tendrán nuevas fuerzas; levantarán las alas como aguilas; correran y no se cansaran; caminaran y no se fatigaran.

Romanos 5:3-4 – ³ Y no solo esto, sino que también nos gloriamos en las tribulaciones, sabiendo que la tribulación produce paciencia; ⁴ y la paciencia, prueba; y la prueba, esperanza.

Salmo 119:114 - Tú eres mi refugio y mi escudo; tu palabra es la fuente de mi esperanza.

Micah 7:7 - Therefore I will look unto the Lord; I will wait for the God of my salvation: my God will hear me.

Miqueas 7:7 - Pero yo he puesto mi esperanza en el Señor; yo espero en el Dios de mi salvación. ¡Mi Dios me escuchara!

Salmo 62:5 - Alma mía, en Dios solamente reposa, Porque de él es mi esperanza.

Armas Espirituales:
Fe

Mateo 17:20 - Porque ustedes tienen muy poca fe. De cierto les digo, que si tuvieran fe como un grano de mostaza, le dirían a este monte: "Quítate de allí y vete a otro lugar", y el monte les obedeceria. Nada sería imposible para ustedes!

Hebreos 11:6 - Pero sin fe es imposible agradar a Dios; porque es necesario que el que se acerca a Dios crea que la hay, y que es galardonador de los que le buscan.

El Nombre de Jesus

Filipenses 2:9-10 - ⁹ Por lo cual Dios también le exaltó hasta lo sumo, y le dio un nombre que es sobre todo nombre; ¹⁰ para que en el nombre de

Henry A. Foster

Jesus se doble toda rodilla de los que están en los cielos, y en la tierra y debajo de la tierra;

1 Pedro 3:22 - El cual está a la dieta de Dios, habiendo subido al cielo; a quien están sujetos los ángeles, y las potestades, y las virtuales.

La Sangre de Jesus

Exodo 12:23 - Porque el Señor pasará hiriendo a los egipcios; y cuando vea la sangre en el dintel y en los dos postes, pasará el Señor aquella puerta, y no dejará entrar al heridor en vuestras casas para herir.

Matthew 26:28 - For this is my blood of the new testament, which is shed for many for the remission of sins.
Mateo 26:28 - Porque esto es mi sangre del nuevo pacto, que por muchos es derramada para remisión de los pecados.

Revelation 12:11 - And they overcame him by the blood of the Lamb, and by the word of their testimony; and they loved not their lives unto the death.
Revelacion 12:11 Y vencieron por la Sangre del Cordero y por la palabra de su testimonio, y no amaron sus vidas hasta la muerte.

La Palabra de Dios

Isaías 55:11 - así será mi palabra que sale de mi boca; no volverá a mí vacía, sino que hará lo que yo quiero, y será prosperada en aquello para que la envié.

2 Timoteo 3:16 - Toda la escritura es inspirada por Dios, y útil para enseñar, para reprender, para corregir, para instruir en justicia.

La Oportunidad de la Crisis

Hebreos 4:12 - La palabra de Dios es viva y eficaz, y mas cortante que toda espada de dos filos; y penetra hasta partir el alma y el espíritu, las coyunturas y los tuétanos, y discierne los pensamientos y las intenciones del corazón.

Armadura de Dios

Efesios 6:9-11 - ⁹ Y vosotros, amamos, y hacer con ellos lo mismo, dejando las amenazas, sabiendo que el Señor de ellos y nuestro está en los cielos, y que para él no hay excepción de personas .¹⁰ Por lo demás, y en el poder de su fuerza. ¹¹ Vestidos de toda la armadura de Dios, para que puedas estar firmes contra las asechanzas del diablo.

Oracion

Romanos 8:26 - Y de igual manera el Espíritu nos ayuda en nuestra debilidad; pues qué hemos de pedir como conviene, no lo sabemos, pero el Espíritu mismo intercede por nosotros con gemidos indecibles.

Filipenses 4:6-7 – ⁶ Por nada estéis afanosos, sino sean conocidas vuestras peticiones delante de Dios en toda oración y ruego, con acción de gracias. ⁷ Y paz de Dios, que sobrepasa todo entendimiento, guardará nuestros corazones y nuestros pensamientos en Cristo Jesús.

1 Juan 5:14-15 - ¹⁴ Esta es la confianza que tenemos al acercarnos a Dios: que, si pedimos cualquier cosa conforme a su voluntad, él nos oye. ¹⁵ Y si sabemos que Dios oye todas nuestras oraciones, podemos estar seguros de que ya tenemos lo que le hemos pedido.

EPILOGO

Cada crisis que nosotros enfrentamos es una oportunidad divina para una transformación. Mientras nos humillamos bajo la Mano Santa de Dios, Él empezó su palabra - exponiendo, corrigiendo, moldeando, y refiriéndonos como barro en sus manos, como el alfarero que él es. En nuestra sumisión y rendición hacia su deseo, El artesana descubre algo nuevo en nosotros y desarrolla nuestro personaje. No más patadas, peleas o arañazos para escapar de la presión del proceso - solo confiando en el único que sabe la pieza clave, el que está creando y moldeando.

Cuando su trabajo esté completo, El no nos dejará escondidos. En su tiempo perfecto, el nos exaltó, levantandonos a su testimonio de su amor, gracia, gran poder, y compromiso hacia nosotros. Lo que una vez fue una lucha se convierte en mostrar de su soberanía y gloria, un testigo para todo lo que ha visto que Dios ha hecho.

Aun, en nuestras temporadas de crisis, debemos guardar nuestros corazones. Decepcionando, necesidades insatisfechas, y privación no debería regresar dentro murmullo, duda, o infidelidad. No importa cual grande sea o se vea la crisis, los recursos de Dios son abundantes - Su gracia, sabiduría, y amor puede endulzar aun las más difíciles circunstancias.

Asi que dejemonos ceder hacia el. Dejémonos emprender nuestro viaje, confiando que cada privación, reto, y definiendo

42

fuego nos prepara para algo grande. En sus manos de el Maestro, ninguna crisis será desperdiciada. Nosotros estamos siendo moldeados, fortalecidos y posicionados para que cuando esa temporada, su gloria sea revelada por medio de nosotros. Deja que el Señor te forme. Dejalo que te haga. Y cuando el tiempo llegue, parate en su trabajo, un testimonio vivo de su bondad.

Oracion a Somicion y Confianza

Señor, hoy humildemente me someto a ti. Yo dejo mis caminos en tus manos, confiando que tú traerás todas las cosas que pasan acordándote a tu perfección y deseo. Yo soy quien tu dijiste que sería. Yo recibo lo que tú prometiste, y yo camino en la fuerza de Cristo, sabiendo por medio de él, que puedo hacer todas las cosas.

Yo escojo ser un creyente, no un dudado - un hacedor de tu palabra, no solo un oyente. Tu verdad me transforma, y se esconde en mi corazón para que yo camine en obediencia y honor hacia ti en todo lo que haga y diga. Conforme yo te reconozca en cada paso, yo confio que tú guiaras mi camino, ordenando mis pasos hacia tu gloria.

Forma, moldea, y hazme un buque a tu deseo para que en tu tiempo, tu trabajo en mi sea revelado y exaltado para que todos lo vean. Deja mi vida ser un testimonio de tu fidelidad. En nombre de Jesus, Amen.

SOBRE EL AUTOR

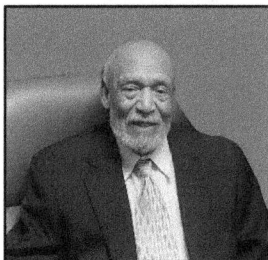

Henry A. Foster es el Apóstol Fundador Pionero de Breakthrough Ministries, Inc. Ungido por el Señor, Él enseña y predica con una fuerza profética de fervor mientras opera valientemente en el regalo del Espíritu. Por más de cincuenta años, su ministro ha iluminado La Palabra de Dios y transformado corazones por todo Estados Unidos. Un esposo devoto, padre, y abuelo, antiguo apóstol, continúa liderando con gracia desde su hogar en el estado de Kansas junto con su esposa.

Alcanzando, enseñando, e inspirando personas de edades para ver su grandeza y realizar el propósito de sus vidas dadas.

La
Opportuidad
De Crisis

Henry A. Foster

Nuestros libros están disponibles con descuentos de cantidades especiales para compra en mayoreo para ventas de promociones, recaudación de fondos, o uso educacional.

Para órdenes de copias para donaciones, distribuciones para iglesias, miembros de grupos, promociones de ventas, o educación, contacta:

DOD Publications, LLC.
Wichita, Kansas 67206
Phone: (316) 202-8988

* 9 7 8 1 9 6 7 6 0 3 0 9 1 *